型がいらない！

小麦粉・砂糖・ゼラチンもなし。思い立ったらすぐできる！

体にいいおやつ

Sweets that are good for the body

ねぎちゃん

はじめに

この本を手に取ってくださり、ありがとうございます。

3人姉妹の子育てに奮闘しながら体にやさしいおやつの作り方を発信しております、ねぎちゃんと申します。

2023年に初めて出版した、『体にいいおやつ』は、蒸しパン、マフィン、スコーン、パウンドケーキやレアチーズケーキなど定番のおやつを、やさしい材料とシンプルな工程で盛り込んだ一冊でした。

「グルテンフリーのハードルが下がった！」「子育て中でも作ろうと思えます」「栄養がとれて、罪悪感も少なくて家族でリピートしています」など、手に取ってくださったみなさまに楽しんでいただき、温かいお声をいただけたことは私にとって、とても幸せな瞬間でした。

皆さんに気に入っていただいたおやつの中でも特に「何度も作っています！」と聞いたのが、我が家でも大人気の米粉スコーン。

私も、はじめて米粉のおやつ作りをしたときに「おいしい！」と感動したのが米粉スコーンだったので、うれしかったです。そして、「そういえば、米粉を使っていて、繰り返し焼きたくなったものは、私もスコーンが最初だった……」と改めて考えたとき、もしかして……**特別な型がいらないからかも?!** と、思いました。

おやつ作りにおいて型はワクワクするものですが、最初からたくさんの型がそろっている人は多くありません。私も、マフィン型を買ったのは、実は最近です。

型がなければ、もっとおやつを手軽に楽しめる！ と思い今回の本『型がいらない！体にいいおやつ』が完成しました。

前回同様に、小麦粉・砂糖はなし、チョコレートも不使用、オイルも控えめな、体にうれしい栄養おやつたちが、**型いらず、ワンボウルやカップで混ぜるだけ、最短5分**で出来ちゃいます。

おうちにあるマグカップやコップ、保存容器やバットなどを活用して、ひんやりおやつも、焼き菓子も。型のいらない世界は、とても気楽です。

忙しい毎日ですが、ほんの少しでもおやつを食べる時間があると、心がゆるまるかと思います。ぜひ手軽に、楽しんでみてください。

ねぎちゃん

"体にいい"おやつって?

この本でご紹介するのは、「小麦粉・砂糖・ゼラチンなし」で作るレシピです。
さらにヘルシーなものや、糖質が少ない材料を使っています。作り方も簡単!
最小限の道具でシンプルな作り方だから、自分のためにも、お子さまのおやつにもぴったりです。

体にやさしい

グルテン・糖質は極力おさえています!

小麦粉・砂糖・ゼラチンは不使用。ゼリーやムースなども、ゼラチンなしで作ります。代わりに米粉や粉寒天、メープルシロップ、はちみつなどを使用しています。甘酒、豆腐、ヨーグルト、おからなども登場します。

自然な甘さだから、お子さまのおやつにも!

砂糖を使わないため、お子さまのおやつにもぴったりな、やさしい味わいです。だからこそ、あとを引く、思わず手が伸びてしまうおいしさ。これなら気兼ねなく食べられます。

おいしい

道具は最小限!特別な型もいりません。

ほぼボウルかマグカップ、小鍋のどれか1つで混ぜて焼くor冷やすのレシピばかり。洗いものを最小限にしています。また、身近なものを使うので、特別な型は不要!手軽に作れます。

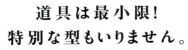

簡単・お手軽!

contents

はじめに……2

“体にいいおやつ”って?……3

はかる→混ぜる→加熱／冷やすのシンプルな流れで作れます……6

特別な型を使わないから、材料があればすぐできる!……7

基本の材料……8

置き換えができる材料……9

Column 体が喜ぶ[ヘルシー素材]……10

Part1 ————————

思い立ったらすぐできる!
マグカップおやつ

主な材料3つ! レンジで喫茶店風プリン……12

卵なし! 米粉の、しっとりバナナマグケーキ……14

マグケーキアレンジ……16
　ふわふわヨーグルトマグケーキ
　ココアマグケーキ

チョコなし! 濃厚ココアフォンデュ……18

なめらか〜なとろ生チーズテリーヌ……20

なつかしのマグカップ牛乳かん……22

シンプル材料で! ぷるるんレアヨーグルト……24

ぷるるんレアヨーグルトアレンジ……26
　ぷるるんブルーベリーレアヨーグルト
　ぷるるんマンゴーレアヨーグルト

Part2 ————————

口の中でなめらか・ふるるん!
ひんやりおやつ

キラキラいちごの寒天ゼリー……28

寒天ゼリーアレンジ……30
　すりおろしりんごゼリー
　フルーツティーゼリー

おうちでできちゃう! マンゴープリン……32

材料4つのチョコバナナプリン……34

ふんわ〜り、いちごムース……36

体にいい! かぼちゃテリーヌ……38

かぼちゃテリーヌアレンジ……40
　ほうじ茶風味のかぼちゃテリーヌ

ひんやりティラミス……42

おやつにぴったり! パリチョコバナナアイス……44

至福の甘酒ミルクアイス……46

至福のミルクティーアイス……46

さっぱり、ひんやりヨーグルトバーク……50

とろける甘酒チョコ寒天……52

Column なめらかな舌ざわりを作る[粉寒天]と[米粉]……54

Part3 ————————

そうそう、この味! この食感!
クッキー&ケーキ

パリパリセサミクッキー……56

メロメロメロンパンクッキー……58

チョコスティッククッキー……60

オールおいものソフトクッキー……62

ソフトクッキーアレンジ……64
　オールりんごのソフトクッキー
　オールくるみとココアのソフトクッキー

やみつき！ブラウニーチップス……66
さくほろキューブクッキー……68
キューブクッキーアレンジ……70
　　塩バニラ
　　アールグレイ
まさにあの味！おしるこクッキー……72
さつまいもとりんごの天板ケーキ……74
天板ケーキアレンジ……76
　　キャロットケーキ
　　抹茶ブラウニー
オイル不要のブルーベリータルト……78
タルトアレンジ……80
　　チョコバナナタルト
　　チーズクリームタルト
罪悪感0の豆腐ドーナツ……82
今日はクレープパーティー！……84
　　もっちり甘酒クレープ
　　ごろごろいちごジャム
　　レンチンカスタードクリーム
　　お手軽チョコソース
　　チーズクリーム
Column 米粉の［吸水率］のはなし……88

Part4

ときどき無性に食べたくなる
ほっこり和のおやつ

豆腐でもちもち！みたらしだんご……90
ぷるぷる水まんじゅう……92
ふんわり米粉どら焼き……94

ほくほく、もちもち！鬼まんじゅう……96
香ばしさがやみつき！ごまだんご……98
あのおみやげの味！生八つ橋……100
材料3つ！カリカリ米粉せんべい……102
Column ［生おから］と［おからパウダー］……104

Omake

もちもち、ヘルシー！ 生おからのおやつ

お子さま大好き！生おからポンデケージョ……106
ヘルシー生おからスコーン……108
定番の生おからパンケーキ……110

この本のレシピのルール

・本書では、各レシピに食物アレルギー物質に該当する食品(特定原材料8品目のうち使用しているもの)や注意したい食品が入っているかひと目でわかるマークをつけています。参考にしてください(右)。

・はちみつを使用しているレシピのおやつは1歳未満の赤ちゃんには食べさせないでください。乳児ボツリヌス症になるおそれがあります。

・保存期間は目安の日数です。保存状態により左右されますので、状態を見て判断してください。特に夏場は、作ってから早めにお召し上がりください。

・[米粉について]本書のレシピでは、「ミズホチカラ」を使用しています。お使いの米粉の吸水率によってレシピ通りの水分量でも生地の状態が変わってきます(P.88参照)。お手持ちの米粉の吸水率がわからない場合は、同量の米粉と水を混ぜて確認してください。吸水率が低い方が、でき上がりが写真に近づきます。

・卵は、Mサイズを使用しています。

・電子レンジは出力600Wのもの、オーブンは電気オーブンを使用しています。機種により加熱具合に差が出ることがあります。様子を見ながら加減してください。

卵

乳製品

落花生
くるみ

はちみつ

使う道具は最小限！

はかる⇒混ぜる⇒加熱／冷やすの
シンプルな流れで作れます

できるだけ手軽に
おいしいおやつを作りたい！
どのレシピも混ぜるだけで、
あとはオーブンや
冷蔵庫におまかせでOK！

1
はかる
計量はスケールの上ではかりながら進めればOK。1つの材料をはかったら、スケールを0に戻して、次の材料を加えていきます。

2
混ぜる
卵を溶きほぐして牛乳などを混ぜ、さらに米粉などを加えてぐるぐると混ぜていきます。米粉だからふるう必要はないし、ダマになりにくいんです。

3
加熱／冷やす
カップやバットに入れたり形を整えたりして、加熱するか、冷蔵庫で冷やします。洗いものが少なくて済むのもうれしいところ。

材料の分量はすべて「g」で表示しています。

この本では、材料の重量はすべて「g」で表示しています。計量カップや計量スプーンはほぼ使わなくてOK。スケールにボウルをのせたまま、材料をそのつどはかりながら入れることができるんです。

家にあるものでOK!

特別な型を使わないから、
材料があればすぐできる！

本書では、マフィン型やプリン型、パウンド型は不要です。
その代わり、身近なものを使って作ります。

家にあるマグカップ・コップで！

保存容器で！

ジャムなどの空き瓶で！

ボウルで混ぜて、カップやバット、保存容器などに入れて加熱／冷蔵するか、そのままフライパンで焼く、天板にのせてオーブンに入れるなど、型を使わずに作れるレシピを紹介しています。家にあるものでできるから、材料があればすぐ作れる！ おやつ作りがグッと手軽になります。

小麦粉・砂糖・ゼラチンなしで作る
基本の材料

小麦粉や砂糖、ゼラチン、チョコレートなどを使わなくても、おいしいお菓子は作れます！この本で主に使っている材料を紹介します。

はちみつ
みつばちが集めた花のみつが原料の天然甘味料。コクのある甘さが特徴です。ボツリヌス菌を含むことがあるので、1歳未満の子どもには与えないでください。

メープルシロップ
カエデの樹液を煮詰めて作られる天然甘味料。やさしい甘みと香りが特徴です。カルシウムやマグネシウム、カリウムなどのミネラルを含みます。

米粉
焼き菓子やおだんごなどの生地にしたり、冷やしかためるおやつの食感に変化をつけたりします。この本ではパン用「ミズホチカラ」を使用しました。米粉は種類によって吸水率に差があり、仕上がりに差が出ることもあります。P.88も参考にしてください。

粉寒天
冷やしかためるおやつ作りに欠かせないのが粉寒天。ぷるんとなめらかな食感が特徴です。常温でかたまり、一度かたまると溶けにくい性質があります。低カロリーで、食物繊維を含むヘルシーな素材。P.54も参考にしてください。

アーモンドプードル（皮なし）
アーモンドを粉末にしたもので、焼き菓子の生地に加えて、風味や食感に変化をつけます。低糖質でビタミンEやミネラルを含みます。

甘酒
この本では麹を使って作られる麹甘酒を使っています。米に米麹と水を加えて発酵させたもので、自然な甘みと風味をプラスします。必須アミノ酸、代謝に関わるビタミンB群など、体にいい成分を多く含みます。

置き換えができる材料

この本のレシピで使っている材料の中には、置き換えが可能なものがあります。
ご自身の体調やアレルギーなど体質、好みによって適宜選んで使ってください。

牛乳を… → 豆乳に

牛乳は豆乳に置き換えることができます。分量は同量でOK。無調整豆乳がおすすめです。

バターを… → 植物油に

バターは菜種油や米油、ココナッツオイルに置き換えることができます。分量は同量でOK。仕上がりの風味や食感は変化します。

メープルシロップを… → はちみつに

メープルシロップははちみつに置き換えることができます。分量は同量でOK。仕上がりの甘さや風味がやや変化します。

これもOK!

甘酒［濃縮タイプ］→ 甘酒［ストレートタイプ］

この本では、主にストレートタイプの甘酒を使用しています。濃縮タイプの甘酒を使う場合は、ストレートの濃度まで水で希釈して使いましょう。

ヨーグルト → 豆乳ヨーグルト

ギリシャヨーグルト → 水きりヨーグルト
＊半量くらいになるまで水きりしてください。

Column

体が喜ぶ［ヘルシー素材］

おいしいのはもちろん、罪悪感なく楽しめて、栄養もとれる。
そんなおやつ作りを実現してくれる、頼もしいヘルシー素材を紹介します。

豆腐
植物性たんぱく質やカルシウム、大豆オリゴ糖など、大豆の栄養を消化しやすい形で含む豆腐。水分の代わりに使うことで、栄養価がアップします。

あんこ
手軽に和菓子作りが楽しめるあんこ。原料となるあずきは植物性たんぱく質や食物繊維、ポリフェノール、ビタミンB群を多く含みます。低糖質で食物繊維を含む天然甘味料を使用した、砂糖不使用のあんこもあります。

プレーンヨーグルト ギリシャヨーグルト
たんぱく質やカルシウムなど、牛乳の栄養はそのままに、乳酸菌の力でおなかの調子を整えてくれます。風味づけや、水分の代わりに使っています。

ココアパウダー
カカオのペーストから脂肪分を除いて粉末にしたもの。チョコレートを使わなくても、カカオのコクや香りを楽しめます。食物繊維、鉄やカルシウムなどのミネラル、抗酸化作用の強いポリフェノールが豊富です。

ごま
香ばしさや食感にアクセントをつけてくれるごま。ビタミン、ミネラルを豊富に含みます。ゴマリグナンは強い抗酸化作用を持つ成分で、活性酸素の害から身を守ります。

きな粉
大豆を焙煎して粉末にしたものがきな粉です。豆腐同様、大豆の栄養を含みます。お菓子に香ばしさややさしいコクをプラスしてくれます。

Part1

思い立ったらすぐできる!
マグカップおやつ

プリンにケーキにチョコフォンデュ。
いつも使っているマグカップが大活躍!
マグカップで、混ぜた生地を
レンチンしたり、冷やしたりするだけの簡単おやつです。
洗いものが少ないし、材料さえあれば、
気軽にすぐ作れるのがうれしい!

主な材料3つ！レンジで喫茶店風プリン

主な材料3つ＆レンジで3分。それだけで本格プリンが完成！ いつものマグカップで作る、わが家の定番おやつ。

材料 容量約300mlのマグカップ1個分

- 卵……1個
- 牛乳……95g
- はちみつ……20g
- バニラオイル（あれば）……3滴
- メープルシロップ（好みで）……適量

下準備

約60℃（ギリギリ手でさわれるくらい）の湯を沸かす。

3-1

卵液は一度こすことで、舌ざわりがなめらかに仕上がります。

3-2

蒸し焼きにしてじんわりと加熱することで、すが入りにくくなります。

＊加熱後、表面がふるふるしながらも一部がかたまっている状態がベスト。マグカップを傾けてみて、卵液も傾くようなら、さらに20秒ずつ追加加熱してください。

作り方

1. 耐熱のボウルに牛乳を入れ、ふんわりとラップをかけて電子レンジ（600W）で40秒加熱する。

2. 卵、はちみつ、あればバニラオイルを加え、泡立て器で全体になじむまでしっかり混ぜる。

3. ざるなどでこしながら耐熱のマグカップに注ぎ入れる。深さのある耐熱の容器にのせ、周りに約60℃の湯をマグカップの半分くらいの高さまで注ぐ。

4. 耐熱の容器ごとふんわりとラップをかけ、電子レンジ（600W）で3分加熱する。マグカップを少し傾け、表面の卵液がかたまっているか確認したらそのまま粗熱が取れるまで3分ほどおき、容器ごと取り出してマグカップにだけラップをかける。冷めたら冷蔵庫で2時間以上冷やし、好みでメープルシロップなどをかける。

保存方法と保存期間

冷蔵保存 3日

卵

乳製品

はちみつ

| Basic | バナナの自然な甘さがやさしく広がります。材料がシンプルだから、おいしいうえ、作りやすいのも魅力。

卵なし！米粉の、しっとりバナナマグケーキ

材料　容量約 300mℓ のマグカップ 1個分

バナナ（完熟のもの）……正味 60g（小1本）
A｜牛乳……35g
　｜植物油……5g
B｜米粉……50g
　｜ベーキングパウダー……3g

1
バナナは生地によくなじむよう、液体状になるまでしっかりつぶしてください。

作り方

1　耐熱のマグカップに皮をむいたバナナをちぎり入れ、フォークでとろとろになるまでつぶす。

2　Aを加え、フォークで全体がなじむまで混ぜる。

3　Bを加え、とろみがつくまでさらに混ぜる。

4　電子レンジ（600W）で1分40秒加熱する。

＊もしバナナが熟していなければ、マグカップに入れたあと、電子レンジで30秒ほど加熱してください。

＊表面に生っぽさが残っているようなら、10秒ずつ追加加熱してください。

保存方法と保存期間

常温 1日

卵

乳製品

落花生
くるみ

はちみつ

Arrange

マグケーキ

マグケーキアレンジ

1個分ずつすぐに作れるから、味変も思いのまま!
ふわもち食感がやみつきに。

ふわふわヨーグルトマグケーキ

材料 容量約 300㎖ のマグカップ 1個分

A プレーンヨーグルト(無糖)……50g
　メープルシロップ……15g
　水……20g
　植物油……5g
B 米粉……55g
　ベーキングパウダー……3g

作り方

1 耐熱のマグカップにAを入れてフォークでよく混ぜる。

2 Bを加え、全体にツヤが出るまでよく混ぜる。

3 電子レンジ(600W)で1分40秒加熱する。

＊表面に生っぽさが残っているようなら、10秒ずつ追加加熱してください。

保存方法と保存期間

常温 1日

乳製品

はちみつ

ココアマグケーキ

材料 容量約 300mℓ のマグカップ 1 個分

A | 米粉……54g
　| ココアパウダー（無糖）……6g
　| ベーキングパウダー……4g

B | 水……60g
　| メープルシロップ……30g
　| 植物油……10g

作り方

1. 耐熱のマグカップにAを入れてフォークでよく混ぜる。
2. Bを加え、全体にツヤが出るまでよく混ぜる。
3. 電子レンジ（600W）で1分40秒加熱する。

＊表面に生っぽさが残っているようなら、10秒ずつ追加加熱してください。

保存方法と保存期間

常温1日

チョコなし！濃厚ココアフォンデュ

とろけるフォンデュも、マグカップで混ぜてチンだけ。作りはじめて5分後には食べられちゃう！

材料 容量約300mlのマグカップ1個分

A ｜ 牛乳……80g
　｜ メープルシロップ……20g
　｜ 米粉……5g
　｜ ココアパウダー（無糖）……8g
　｜ バニラオイル（あれば）……少々

いちご、バナナなど好みのフルーツ、マシュマロ、クッキーなど……適量

作り方

1. 耐熱のマグカップにAを入れ、スプーンなどで粉っぽさがなくなるまで混ぜる。

2. ラップはかけずに電子レンジ（600W）で30秒加熱する。いったん取り出して、フォークなどでなめらかになるまで混ぜる。再び電子レンジ（600W）で30秒加熱し、とろみがつくまで同様に3〜4回繰り返す。

3. ひと口大に切ったフルーツなどをつけて食べる。

＊鍋でも作れます。すべての材料を鍋に入れて、弱火にかけ粉っぽさがなくなるまで、混ぜながら加熱してください。

保存方法と保存期間

当日中

なめらか〜なとろ生チーズテリーヌ

本格お菓子もマグカップで！よーく混ぜてなめらかに。前の晩や朝に作って冷やしておけば、おやつタイムが楽しみ！

材料 容量約300㎖のマグカップ1個分

クリームチーズ……100g
A ｜ ギリシャヨーグルト……50g
　｜ メープルシロップ……20g
　｜ 卵……1個
　｜ 米粉……15g

2
材料を加えてそのつど混ぜることで、ダマになるのを防ぎます。

作り方

1　耐熱のマグカップにクリームチーズを入れ、電子レンジ（600W）で30秒加熱する。フォークでよく混ぜてなめらかにする。

2　Aを上から順に加えてそのつどよく混ぜ、全体にツヤが出てきたらふんわりとラップをかけ、電子レンジ（600W）で1分20秒加熱してラップをはずし、ペーパータオルをかぶせて輪ゴムで留め、粗熱が取れたら冷蔵庫で2時間以上冷やす。

＊耐熱のボウルなどで生地を作り、ざるでこしながらマグカップに入れて加熱するか、ボウルに入れた材料をハンドブレンダーで混ぜるとさらになめらかな仕上がりになります。

＊表面がふるふる半熟状態がベストです。もし生っぽさが残っているようなら、20秒ずつ追加加熱してください。

保存方法と保存期間

冷蔵 2日

卵

乳製品

なつかしのマグカップ牛乳かん

大人も子どもも大好きな、なつかしい味。つるんとしたのどごしは、食欲がない日でも食べられます。

材料 容量約300mlのマグカップ1個分

A │ 牛乳……150g
  │ 甘酒（ストレート）……50g
  │ 粉寒天……1g

みかん（缶詰）……1/2缶（約50g）

下準備

耐熱のマグカップに、汁けをきったみかんを入れる。

1 粉寒天をしっかりなじませてから加熱してください。寒天はしっかり加熱しないとかたまりにくいので、レンチン→混ぜるを繰り返します。

作り方

1 耐熱のボウルにAを入れ、泡立て器でよく混ぜる。ふんわりとラップをかけて電子レンジ（600W）で1分30秒加熱し、いったん取り出して混ぜる。再びラップをかけて電子レンジ（600W）で1分30秒加熱し、混ぜる。

2 みかんを入れたマグカップに1を注ぎ、粗熱が取れたら冷蔵庫で1時間以上冷やす。

保存方法と保存期間

冷蔵2日

Basic

なめらかな口溶けがたまらない！体にいいものだけを使った、栄養満点のお手軽ケーキ。

シンプル材料で！ぷるるんレアヨーグルト

材料　容量約 300mℓ のマグカップ 1 個分

A｜プレーンヨーグルト（無糖）……100g
　　米粉……8g
　　粉寒天……1g

B｜プレーンヨーグルト（無糖）……100g
　　はちみつ……20g

1

粉寒天をしっかりなじませてから加熱してください。寒天はしっかり加熱しないとかたまりにくいので、レンチン→混ぜるを繰り返します。

作り方

1　耐熱のボウルにAを入れ、泡立て器でよく混ぜる。ふんわりとラップをかけて電子レンジ（600W）で1分30秒加熱し、いったん取り出して混ぜる。再びラップをかけて電子レンジ（600W）で1分30秒加熱して混ぜる。

2　Bを加えてよく混ぜる。

3　マグカップに2を注ぎ、冷蔵庫で1時間以上冷やす。

保存方法と保存期間

冷蔵 2 日

卵

乳製品

落花生
くるみ

はちみつ

Arrange

ぷるるんレアヨーグルトアレンジ

ヨーグルトと好相性の冷凍フルーツで、手軽にアレンジ！

ぷるるんブルーベリーレアヨーグルト

材料 容量約300mlのマグカップ1個分

- A | プレーンヨーグルト（無糖）……100g
  | 米粉……10g
  | 粉寒天……1g
- B | プレーンヨーグルト（無糖）……80g
  | はちみつ……18g
- 冷凍ブルーベリー……40g

ぷるるんマンゴーレアヨーグルト

材料 容量約300mlのマグカップ1個分

- A | プレーンヨーグルト（無糖）……100g
  | 米粉……10g
  | 粉寒天……1g
- B | プレーンヨーグルト（無糖）……60g
  | はちみつ……18g
- 冷凍マンゴー……60g

作り方 共通

1. 耐熱のボウルにAを入れ、泡立て器でよく混ぜる。ふんわりとラップをかけて電子レンジ（600W）で1分30秒加熱し、いったん取り出して混ぜる。再びラップをかけて電子レンジ（600W）で1分30秒加熱して混ぜる。

2. Bを加えてさらに混ぜ、最後に冷凍ブルーベリー（冷凍マンゴー）を加えて混ぜる（冷凍マンゴーは軽くつぶしながら混ぜる）。マグカップに注ぎ、冷蔵庫で1時間以上冷やす。

保存方法と保存期間
冷蔵2日

乳製品

落花生 くるみ

はちみつ

Part2

ゼラチンなしで

口の中でなめらか・ふるるん！
ひんやりおやつ

材料をぐるぐる混ぜて、
家にある保存容器やグラスで冷やしかためる、
冷たいおやつのレシピです。
つるりん、ふるるん、ねっとり、シャリッ……。
ゼラチンを使わなくても、粉寒天と米粉を使って、
さまざまな食感が楽しめるように
工夫しました。

Basic

キラキラいちごの寒天ゼリー

宝石箱みたいな仕上がりの寒天ゼリー。寒天の食物繊維たっぷり、いちごのビタミンや酵素もとれます。

材料 20×14×高さ4cmのバット1個分

いちご（1〜2cm大に切る）
　……1パック（10〜12粒）
A ｜ 水……350g
　｜ 粉寒天……3g
はちみつ……35g
レモン汁……20g

作り方

1　小鍋にAを入れて泡立て器でよく混ぜる。中火にかけ、しっかり煮立ったら弱火にし、絶えず混ぜながら2分加熱する。

2　1の粗熱が取れたらはちみつとレモン汁を加えてよく混ぜる。

3　バットなどの容器にいちごを並べ、2を静かに注ぎ入れる。冷蔵庫で1時間以上冷やす。

保存方法と保存期間

冷蔵 3日

はちみつ

Arrange

寒天ゼリーアレンジ

フルーツのさわやかさが広がる、のどごしのいいゼリー2種。

すりおろしりんごゼリー

材料 14×14×高さ5cmの容器1個分

りんご（皮をむき、芯を除く）……正味200g
りんごジュース……300g
粉寒天……2g

保存方法と保存期間

冷蔵3日

作り方

1. 小鍋にりんごをすりおろしながら入れ、りんごジュース、粉寒天を加えて泡立て器でよく混ぜる。
2. 1を中火にかけ、しっかり煮立ったら弱火にし、絶えず混ぜながら2分加熱する。
3. 耐熱の容器に流し入れ、粗熱が取れたら冷蔵庫で1時間以上冷やす。

1 はかりの上に小鍋をのせて0にもどし、重さをはかりながらすりおろすとラクチンです。

フルーツティーゼリー

材料 14×14×高さ5cmの容器1個分

好みのフルーツ（キウイ、パイナップルなど・
　1cm厚さのひと口大に切る）……合わせて200g
A ｜ 水……360g
　　｜ 粉寒天……2g
紅茶（ティーバッグ）……2袋(4g)
はちみつ……50g

保存方法と保存期間

冷蔵3日

作り方

1　小鍋にAを入れて泡立て器でよく混ぜる。ティーバッグを加えて中火にかけ、しっかり煮立ったら弱火にし、絶えず混ぜながら2分加熱する。ティーバッグを取り除く。

2　1の粗熱が取れたらはちみつを加えてよく混ぜる。

3　バットなどの容器にフルーツを並べ入れ、2を静かに注ぎ入れる。冷蔵庫で1時間以上冷やす。

＊紅茶はノンカフェインのルイボスティーに代えても。
＊フルーツはキウイやパイナップルのほか、グレープフルーツ、桃、ぶどうなどもおすすめです。

卵

乳製品

落花生
くるみ

はちみつ

おうちでできちゃう！マンゴープリン

お手軽な冷凍マンゴーで作れる本格スイーツ。簡単ソースで味わいも見た目もランクアップ。

材料　容量150mlのグラス2個分

A｜牛乳……100g
　｜粉寒天……1.5g
　｜米粉……5g

B｜冷凍マンゴー……150g
　｜はちみつ……15g
　｜レモン汁……3g

(マンゴーソース)
　｜冷凍マンゴー……50g
　｜はちみつ……10g
　｜レモン汁……2g

下準備

冷凍マンゴーは自然解凍するか、耐熱の容器に入れて電子レンジ(600W)で2分加熱する。

作り方

1 耐熱のボウルにAを入れ、泡立て器でよく混ぜる。ふんわりとラップをかけて電子レンジで(600W)1分加熱し、いったん取り出して混ぜる。再びラップをかけて電子レンジ(600W)で1分30秒加熱し、混ぜる。

2 1にBを加え、ハンドブレンダーでなめらかにする。グラスに等分に流し入れ、冷蔵庫で2時間以上冷やす。

3 ボウルにマンゴーソースの材料を入れ、ハンドブレンダーでなめらかにする。2に等分にかける。

保存方法と保存期間

冷蔵 2日

材料4つのチョコバナナプリン

チョコ、ゼラチン、卵、砂糖、どれも使いません！混ぜてチンするだけの濃厚バナナプリン。

材料　容量150mlのカップ2個分

バナナ（完熟のもの）……正味125g
牛乳（豆乳は不可）……125g
ココアパウダー……15g
粉寒天……1g

3-1
皿に取り出すときは、スプーンの背で生地の縁を押さえ、側面から軽く空気を入れると取り出しやすくなります。

3-2
カップに皿をかぶせてしっかりと押さえ、左右にふって取り出します。

作り方

1 バナナは皮をむきちぎりながら耐熱のボウルに入れ、フォークでとろとろの液体状になるまでつぶす。

2 牛乳、ココアパウダー、粉寒天を加え、泡立て器で全体がなじむまでよく混ぜる。

3 ふんわりとラップをかけて電子レンジ（600W）で2分30秒加熱する。泡立て器でよく混ぜ、耐熱のカップに注ぎ入れ、粗熱が取れたら冷蔵庫で2時間以上冷やす。皿に取り出す。

＊カップに注ぎ入れる前にハンドブレンダーでかくはんすると、舌ざわりがよりなめらかになります。

保存方法と保存期間

冷蔵1日

卵

乳製品

落花生
くるみ

はちみつ

ふんわ〜り、いちごムース

米粉と粉寒天で作るふんわりムース。何度も試作した黄金比です。いちごジャムを使うから、1年中楽しめます!

材料　容量150mlのグラス2個分

A | 水……100g
　| 米粉……5g
　| 粉寒天……0.5g
B | いちごジャム(市販またはP.86参照)……75g
　| プレーンヨーグルト(無糖)……100g

いちごジャム(市販またはP.86参照)……適量

作り方

1 耐熱のボウルにAを入れ、泡立て器でよく混ぜる。ふんわりとラップをかけて電子レンジ(600W)で1分加熱し、いったん取り出して混ぜる。再びラップをかけて電子レンジ(600W)で1分30秒加熱し、混ぜる。

2 Bを加え、しっかり均一になるまで泡立て器で混ぜる。

＊いちごの粒が気になる場合はハンドブレンダーで混ぜてください。

3 グラスに等分に注ぎ入れ、冷蔵庫で2時間以上冷やす。好みでいちごジャムをトッピングする。

保存方法と保存期間

冷蔵 2日

| Basic

卵を使わないから、焼かずにテリーヌが作れます。こっくりなめらか、体にうれしい栄養も満載です。

体にいい！かぼちゃテリーヌ

材料　17×8×高さ5cmの容器1個分

かぼちゃ（種、わた、皮を除く）……正味200g
A｜絹豆腐……160g
　｜ココナッツオイル（またはバター）
　｜　……50g
　｜メープルシロップ……50g
　｜牛乳……50g
　｜粉寒天……1g
　｜バニラオイル（あれば）……3〜5滴

煮立ったら弱火で2分ほど、絶えず混ぜながらしっかりと加熱します。

作り方

1　かぼちゃは5〜6cm角に切って小鍋に入れ、たっぷりの水を加えて煮立てる。弱めの中火で10〜15分、やわらかくなるまでゆで、湯を捨てる。

2　Aを加え、泡立て器でよく混ぜる。中火にかけ、絶えず混ぜながら煮立ったら弱火にし、2分ほど加熱する。

3　ハンドブレンダーでなめらかにして耐熱の容器に流し入れ、粗熱が取れたら冷蔵庫で2時間以上冷やす。

＊ハンドブレンダーがなければ、泡立て器でなめらかになるまで混ぜ、ざるなどでこしてください。

保存方法と保存期間

冷蔵　3日

かぼちゃテリーヌ

Arrange

かぼちゃテリーヌアレンジ

香ばしいほうじ茶を加えた大人味。
仕上げにほうじ茶パウダーをふっても。

ほうじ茶風味のかぼちゃテリーヌ

材料　17×8×高さ5cmの容器1個分

かぼちゃ(種、わた、皮を除く)……正味200g

A | 絹豆腐……150g
　| ココナッツオイル(またはバター)……50g
　| メープルシロップ……60g
　| 牛乳……60g
　| 粉寒天……1g
　| ほうじ茶パウダー……20g

作り方

1　かぼちゃは5〜6cm角に切って小鍋に入れ、たっぷりの水を加えて煮立てる。弱めの中火で10〜15分、やわらかくなるまでゆで、湯を捨てる。

2　Aを加え、泡立て器でよく混ぜる。中火にかけ、絶えず混ぜながら煮立ったら弱火にし、2分ほど加熱する。

3　ハンドブレンダーでなめらかにして耐熱の容器に流し入れ、粗熱が取れたら冷蔵庫で2時間以上冷やす。

＊ハンドブレンダーがなければ、泡立て器でなめらかになるまで混ぜ、ざるなどでこしてください。

保存方法と保存期間

冷蔵 3日

ひんやりティラミス

作り始めて5分後には食べられる簡単さ。コーヒーがなじんでしっとりしたら食べごろです。

材料 口径8cmほどのグラス2個分

（ヨーグルトクリーム）
- ギリシャヨーグルト……200g
- はちみつ……20g

ココアマグケーキ（P.17参照）……1個
濃いめ（2〜3倍の濃さ）にいれたコーヒー……小さじ8
ココアパウダー……適量

作り方

1. ココアマグケーキをカップから取り出し、4等分の輪切りにする。1切れにつき、コーヒー液を小さじ2ずつしみ込ませる。ヨーグルトクリームの材料はボウルに入れて混ぜる。

2. グラスに1のケーキ1切れを入れ、ヨーグルトクリームの1/4量をのせる。同様にケーキ、クリームの順に重ねる。これを2個作る。茶こしでココアパウダーをふる。

＊ヨーグルトクリームをチーズクリーム（P.87参照）に代えてもおいしく作れます。

保存方法と保存期間

冷蔵 2日

 乳製品
 落花生・くるみ
 はちみつ

おやつにぴったり！パリチョコバナナアイス

子どもたちにも大ウケの、楽しいデザートアイス。ココナッツオイルの性質を生かすと、一瞬でパリッとかたまります。

材料　作りやすい分量

バナナ……1～2本

〔チョコソース〕
- ココナッツオイル……40g
- はちみつ……20g
- ココアパウダー……20g

＊ココナッツオイルの香りが気になる場合は、無臭タイプのココナッツオイルがおすすめです。

＊寒い時期などココナッツオイルがかたまっている場合は、湯せんにかけるか、電子レンジ（600W）で20～30秒ほど加熱して溶かしてから混ぜてください。

作り方

1. バナナは皮をむきひと口大に切り、オーブンシートを敷いたバットなどに間隔をあけて並べ、冷凍する。

2. チョコソースの材料をマグカップなどに入れ、なめらかになるまでよく混ぜる。

3. 冷凍したバナナをフォークなどで刺し、2にくぐらせる。

保存方法と保存期間

冷凍 2日

1

バナナをひと口大に切って冷凍しておけば、食べたいときにいつでも楽しめます。

至福の甘酒ミルクアイス
→ 作り方はP.48

至福のミルクティーアイス
⟶ 作り方はP.49

至福の甘酒ミルクアイス

ほんの5分ほどの作業時間で、こっくりなめらかなアイスに。好みのジャムを添えて食べるのもおすすめです。

材料 14×14×高さ5cmの容器1個分

生クリーム（脂肪分35％）……200g
A｜甘酒（ストレートタイプ）……75g
　｜はちみつ……20g
　｜バニラオイル（あれば）……5〜10滴

1　生クリームは角が立つまで（8分立てくらい）しっかり泡立てます。ハンドミキサーを使えばラクチンです。

作り方

1　ボウルに生クリームを入れ、ハンドミキサーで角が立つまで（8分立て）泡立てる。

2　Aを加えて再びハンドミキサーでなじむまで混ぜる。

3　冷凍できる容器に移し、冷凍庫で1時間ほど冷やす。フォークで全体を混ぜて再び冷凍庫に入れ、3〜4時間冷やす。

＊冷凍できる保存袋で凍らしてもOKです。その場合は、1時間冷やしたら袋の上から手でもんでやわらかくして、再び3〜4時間冷やしてください。

保存方法と保存期間

冷凍1週間

卵

乳製品

落花生・くるみ

はちみつ

至福のミルクティーアイス

しっかり煮出したミルクティーにコクのあるクリーム、やさしい甘さのはちみつが好相性です。

材料　14×14×高さ5cmの容器1個分

生クリーム（脂肪分35%）……200g
A｜紅茶葉（ティーバッグ）……4袋
　｜牛乳……100g
はちみつ……50g

作り方

1　小鍋にAを入れて弱火にかけ、沸騰させないように5分ほど煮出し、ティーバッグを除き粗熱を取る。

2　ボウルに生クリームを入れ、ハンドミキサーで角が立つまで（8分立て）泡立てる。

3　1、はちみつを加えて再びハンドミキサーでなじむまで混ぜる。

4　冷凍できる容器に移し、冷凍庫で1時間ほど冷やす。フォークで全体を混ぜて再び冷凍庫に入れ、3〜4時間冷やす。

＊冷凍できる保存袋で凍らしてもOKです。その場合は、1時間冷やしたら袋の上から手でもんでやわらかくして、再び3〜4時間冷やしてください。

保存方法と保存期間

冷凍1週間

卵

乳製品

落花生・くるみ

はちみつ

さっぱり、ひんやりヨーグルトバーク

水きりヨーグルトを、お好みのトッピングとともに冷やしかためるアメリカ発祥の簡単デザートをアレンジ。

材料 20×14×高さ4cmのバット1個分

A | ギリシャヨーグルト……200g
　| はちみつ……20g

みかん（皮をむいて1cm厚さの輪切り）、
　ピスタチオ（粗く刻む）など……各適量

＊ギリシャヨーグルトはプレーンヨーグルトを半量ほどになるまで水きりしたものでもOKです。

＊トッピングはみかんとピスタチオのほか、いちごやブルーベリー、キウイ、ミックスナッツ、カシューナッツなどお好みのものを組み合わせても。

作り方

1 ボウルにAを入れ、スプーンなどで全体がなじむまでよく混ぜる。

＊ギリシャヨーグルトの容器にはちみつを加えて混ぜてもOK。

2 バットにオーブンシートを敷き、みかんを並べ、ピスタチオを散らす。1を1〜2cm厚さに流し入れ、冷凍庫で2時間以上冷やす。食べやすく切る。

保存方法と保存期間

冷凍1週間

オーブンシートを敷いたバットに、まずみかんを並べ、ピスタチオを散らしてから1を流し入れると、取り出したときにみかんの断面がきれいに見えます。

卵

乳製品

落花生
くるみ

はちみつ

とろける甘酒チョコ寒天

舌でとろける生チョコ風。でもチョコも砂糖も不使用、しかもノンオイル。腸活にも役立ちそうな材料ばかりです。

材料　14×14×高さ5cmの容器1個分

甘酒（ストレートタイプ）……250g
米粉……10g
ココアパウダー……10g
粉寒天……1g

作り方

1　耐熱のボウルにすべての材料を入れ、泡立て器でよく混ぜる。ふんわりとラップをかけて電子レンジで（600W）2分加熱し、いったん取り出して混ぜる。再びラップをかけて電子レンジ（600W）で1分30秒加熱し、混ぜる。

2　容器に流し入れ、冷蔵庫で2時間以上冷やす。取り出して端を切りそろえ、食べやすく切る。茶こしでココアパウダー適量（分量外）をふる。

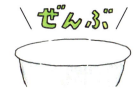

保存方法と保存期間

冷蔵 2日

Column

なめらかな舌ざわりを作る［粉寒天］と［米粉］

ぷるんとかたまる粉寒天と、ほどよいとろみの米粉があれば、
ゼリーやムースのような、なめらかな舌ざわりのおやつも簡単に作れます。

使っているのはコレ！

粉状またはパウダー状のものが溶けやすく便利です。

この本では、冷やしかためるおやつには、主に歯切れのよい食感を作り出す粉寒天を使っています。お菓子によっては舌ざわりに変化をつけるため、米粉をプラスしました。米粉は水分と合わせて加熱することで、とろりとする性質があります。そのとろみを寒天と組み合わせることでゼリーやムースのような不思議な食感を生み出すことができます。上の写真は粉寒天だけでかためたもの（右）と、米粉をプラスしてかためたもの（左）。断面からも食感の違いがわかります。この使い方を覚えると、好みの食感を作り出すことができます。

Part3

そうそう、この味！この食感！クッキー＆ケーキ

生地のベースに使うのは米粉やメープルシロップ。
小麦粉や砂糖なしでも、おいしいおやつができました。
しかも、どれも特別な型がなくても作れます。
いつもはお店で買ってくるあの味も、
おうちでできちゃった！
より体にやさしい、野菜を混ぜ込んだレシピも
紹介しています。

パリパリセサミクッキー

コップを使って丸く抜けば、型は不要！昔なつかしい、ごま香る薄焼きクッキー。

材料　直径約6cm 9枚分

A
- 米粉……60g
- アーモンドプードル……20g
- 白すりごま……5g
- 白いりごま……2g
- ベーキングパウダー……1g
- 粉チーズ……1g（または塩ひとつまみ）

B
- バター……20g
- メープルシロップ……30g
- 牛乳……10g

3
コップを押しつけて丸く抜きます。まわりもそのまま焼いて、くずしながら食べて。

下準備
- Bのバターは耐熱の容器に入れ、電子レンジ（600W）で20秒ほど加熱して溶かす。
- オーブンを170℃に予熱する。

作り方

1 ボウルにAを入れ、泡立て器で全体が均一になるまで混ぜる。

2 Bを加えてゴムべらでツヤが出るまで混ぜ、ひとまとめにする。

3 オーブンシートに取り出してラップをかぶせ、麺棒で2mm厚さにのばす。ラップをはずして口径6cmほどのコップの口を押しつけて抜き、シートごと天板にのせて170℃に予熱したオーブンで15分ほど、縁に焼き色がつくまで焼く。そのまま冷ます。

保存方法と保存期間

常温 3日 ｜ 冷蔵 5日 ｜ 冷凍 ◎

メロメロメロンパンクッキー

子どもたちが大好きなメロンパンをかたどったクッキー。外はさっくり、中はしっとり。見た目も楽しいおやつです。

材料　直径約6cm 8個分

A｜バター（室温にもどす）……30g
　｜メープルシロップ……30g
　｜卵……1個

B｜米粉……120g
　｜ベーキングパウダー……4g

下準備
オーブンを170℃に予熱する。

3
上面に格子状の切り込みを入れて焼けば、ほどよくふくらんでメロンパン風の形に。

作り方

1 ボウルにAを入れ、泡立て器で全体が均一になるまで混ぜる。

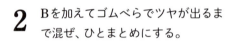

2 Bを加えてゴムべらでツヤが出るまで混ぜ、ひとまとめにする。

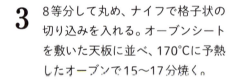

3 8等分して丸め、ナイフで格子状の切り込みを入れる。オーブンシートを敷いた天板に並べ、170℃に予熱したオーブンで15～17分焼く。

保存方法と保存期間

常温 1日｜冷蔵 3日｜冷凍 ◎｜温め 1個あたり電子レンジで10～20秒

卵

乳製品

落花生・くるみ

はちみつ

チョコスティッククッキー

パキッと香ばしい細焼きクッキー。チョコソースをまとわせたら、あのお菓子にそっくり！

材料 10cm長さ 40〜50本分

A
- バター（常温にもどす）……30g
- メープルシロップ……25g
- 牛乳……20g

B
- 米粉……60g
- おからパウダー……12g
- ベーキングパウダー……1g

（チョコソース）
- ココナッツオイル……30g
- ココアパウダー……15g
- メープルシロップ……15g

下準備
オーブンを170℃に予熱する。

作り方

1. ボウルにAを入れ、泡立て器で全体が均一になるまで混ぜる。

2. Bを加えてゴムべらでツヤが出るまで混ぜ、ひとまとめにする。

3. 取り出してラップをかぶせ、麺棒で5mm厚さ、10cm幅にのばす。ラップをはずして端から5mm幅に切り、オーブンシートを敷いた天板に並べ、170℃に予熱したオーブンで16〜18分焼いてそのまま冷ます。

4. 耐熱のボウルにチョコソースの材料を入れて泡立て器で混ぜ、電子レンジ（600W）で30秒加熱してよく混ぜる。3に端を2cmほど残してつけ、オーブンシートにのせてかたまるまでおく。

＊夏場は冷蔵庫でかためてください。

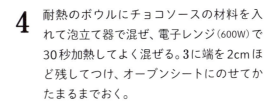

保存方法と保存期間

冷蔵 5日 ｜ 冷凍 ◎

乳製品

落花生 くるみ

はちみつ

Basic オールおいものソフトクッキー

ほっくりとした、さつまいもの素朴な甘さがおいしい。やわらかな食感がどこかなつかしい、ソフトタイプのクッキーです。

材料　4cm四方 約30枚分

- さつまいも……100g
- A
  - メープルシロップ……35g
  - 溶き卵……30g
  - 植物油……25g
  - 牛乳……20g
- B
  - 米粉……100g
  - 塩……ひとつまみ
  - ベーキングパウダー……2g
- 溶き卵(仕上げ用)
  - ……適量(生地+仕上げ用で1個分)

下準備

・さつまいもは皮つきのまま1cm角に切り、水に5分はどさらして水けをきる。

1　電子レンジで加熱したら、熱いうちにフォークでざっくりとつぶします。かたまりが残っていてもOKです。

作り方

1　耐熱のボウルにさつまいもを入れてふんわりとラップをかけ、電子レンジ(600W)で3分加熱して、フォークで粗めにつぶす。

2　1の粗熱が取れたらAを加え、全体がなじむまでしっかり混ぜる。オーブンを200℃に予熱する。

3　Bを加え、ゴムべらでツヤが出るまでしっかり混ぜたら、オーブンシートにのせてラップをかぶせ、麺棒で3mm厚さ(約24×20cm)にのばす。ラップをかぶせたまま包丁で4cm四方に切れ目を入れ、ラップをはずし、仕上げ用の溶き卵をハケかスプーンの背を使って塗る。

4　オーブンシートを敷いた天板に並べ、200℃に予熱したオーブンで15分ほど焼く。しっかり冷ましてから、再び切り分ける。

保存方法と保存期間

常温1日 ｜ 冷蔵3日 ｜ 冷凍◎ ｜ 温め1枚あたり電子レンジで10〜20秒

卵

乳製品

落花生・くるみ

はちみつ

ソフトクッキー

Arrange

ソフトクッキーアレンジ
甘ずっぱい煮りんごや香ばしいくるみを、
ソフトクッキーに閉じ込めました。

オールりんごのソフトクッキー

材料 4cm四方 約30枚分

- りんご……正味100g
- はちみつ(またはメープルシロップ)……30g
- A | 溶き卵……30g
  | 植物油……25g
- B | 米粉……100g
  | 塩……ひとつまみ
  | ベーキングパウダー……2g
- 溶き卵(仕上げ用)……適量(生地+仕上げ用で1個分)

下準備

オーブンを200℃に予熱する。

作り方

1. りんごは皮をむき、芯を取って4〜5mm厚さのいちょう切りにし、耐熱のボウルに入れる。はちみつを加え、ふんわりとラップをかけて電子レンジ(600W)で3分加熱する。
2. 「オールおいものソフトクッキー」(P.62)の作り方2〜4と同様に作る。

保存方法と保存期間

常温1日 | 冷蔵3日 | 冷凍◎ | 温め1枚あたり電子レンジで10〜20秒

オールくるみとココアのソフトクッキー

材料 4cm四方 約30枚分

- A | 溶き卵……30g
  | メープルシロップ……25g
  | 植物油……25g
  | 牛乳……20g
- B | 米粉……95g
  | ココアパウダー……5g
  | 塩……ひとつまみ
  | ベーキングパウダー……2g
- チョコチップ……30g
- くるみ(粗く刻む)……30g
- 溶き卵(仕上げ用)……適量(生地+仕上げ用で1個分)

下準備

オーブンを200℃に予熱する。

作り方

1. ボウルにAを入れ、フォークで全体がなじむまでしっかり混ぜる。Bを加え、ゴムべらでツヤが出るまでしっかり混ぜる。チョコチップ、くるみを加えて混ぜ、作り方3と同様に生地をのばして切れ目を入れる。
2. 「オールおいものソフトクッキー」(P.62)の作り方4と同様に焼く。

保存方法と保存期間

常温1日 | 冷蔵3日 | 冷凍◎ | 温め1枚あたり電子レンジで10〜20秒

やみつき！ブラウニーチップス

薄くてパリッ！ この軽い食感が楽しめるのは手作りならでは。やみつきになるおいしさです。

材料　約4cm四方 24枚分

A ｜ 米粉……50g
　｜ アーモンドプードル……30g
　｜ ココアパウダー……8g
　｜ 塩……少々
B ｜ メープルシロップ……30g
　｜ ココナッツオイル……30g
アーモンドスライス……適量

下準備
オーブンを170℃に予熱する。

3
パリパリに仕上げたいので、1mm厚さを目指してできる限り薄くのばしましょう。

作り方

1 ボウルにAを入れ、泡立て器で全体が均一になるまで混ぜる。

2 Bを加え、ゴムべらで全体にツヤが出るまで混ぜる。

3 オーブンシートにのせてアーモンドスライスを散らし、ラップをかぶせて麺棒で1mm厚さにのばす。ラップをはずして端を切りそろえ、包丁で4cm四方くらいに切る。

4 オーブンシートを敷いた天板に並べ、170℃に予熱したオーブンで12〜14分焼く。そのまま冷ます。

保存方法と保存期間
常温3日 ｜ 冷蔵1週間 ｜ 冷凍◎

| Basic

きな粉と黒ごま、相性のいい素材の組み合わせ。さっくりほろほろ食感で、何個でも食べられます。

さくほろキューブクッキー

材料　1cm角 約36個分

A | 米粉……50g
　| きな粉……20g
　| 片栗粉……10g
　| 黒いりごま……少々
B | メープルシロップ……35g
　| 植物油……30g

1cmほどの厚さに整え、端から縦横それぞれ1cm間隔(6〜7列ずつ)に切ります。

下準備
オーブンを170℃に予熱する。

作り方

1　ボウルにAを入れ、スプーンで全体がなじむまで混ぜる。

2　Bを加え、全体にツヤが出るまで混ぜ、ひとまとめにしたら、オーブンシートに取り出し、1cm厚さの正方形(6〜7cm四方)に整える。包丁で縦横1cm幅に切る。

3　オーブンシートを敷いた天板に間隔をあけて並べ、170℃に予熱したオーブンで15分、160℃に下げて10分焼く。

保存方法と保存期間

常温 3日 ｜ 冷蔵 2週間 ｜ 冷凍 ◎

Arrange

キューブクッキーアレンジ

塩をきかせればおつまみ風に、
紅茶葉を加えれば香り高いおやつに。

塩バニラ

材料 1cm角 約36個分

A | 米粉……50g
  | アーモンドプードル……20g
  | 片栗粉……10g
  | 岩塩（または塩）……1g
B | メープルシロップ……35g
  | 植物油……30g
  | バニラオイル……5滴

下準備
オーブンを170℃に予熱する。

作り方
上記の分量で、「さくほろキューブクッキー」(P.69)と同様に作る。

保存方法と保存期間
常温3日 ｜ 冷蔵2週間 ｜ 冷凍◎

アールグレイ

材料 1cm角 約36個分

A | 米粉……50g
  | アーモンドプードル……20g
  | 片栗粉……10g
  | 紅茶葉(アールグレイ)
  | ……ティーバッグ1袋分(2g)
B | メープルシロップ……35g
  | 植物油……30g

下準備
オーブンを170℃に予熱する。

作り方
上記の分量で、「さくほろキューブクッキー」(P.69)と同様に作る。紅茶葉はティーバッグから出して加える。

保存方法と保存期間
常温3日 ｜ 冷蔵2週間 ｜ 冷凍 ◎

まさにあの味！おしるこクッキー

あんこをサンドした、大好きな名古屋名物クッキーを思い浮かべながら作りました。食べたらクセになる人続出！

材料　約3×4cm12個分

A│こしあん（市販）……20g
　│植物油……20g
　│メープルシロップ……15g
B│米粉……40g
　│片栗粉……10g
　│アーモンドプードル……10g
こしあん（市販）……15g

下準備

オーブンを170℃に予熱する。

2 こしあんを塗ったら、このままオーブンシートごとパタンと半分に折り畳んでください。

3 ちょうど12個分の大きさです。余った生地も丸めて焼いてください。

作り方

1 ボウルにAを入れ、泡立て器で全体が少し白っぽくなるまで混ぜる。

2 Bを加えて手で全体にツヤが出るまで混ぜ、ひとまとめにする。オーブンシートに取り出してラップをかぶせ、麺棒で2mm厚さの正方形にのばす。包丁で生地を半分に切り、半量に端を1cm残してこしあんをなるべく薄く均等に塗る。残りの生地を重ね、再びラップをかぶせて麺棒で3〜4mm厚さにのばす。

3 ラップをはずして端を切りそろえ、縦2等分、横6等分ほどの大きさに切り、フォークで穴を開ける。オーブンシートを敷いた天板に並べ、170℃に予熱したオーブンで25分ほど焼く。

保存方法と保存期間

常温1日 │ 冷蔵3日 │ 冷凍 ◎

| Basic

混ぜて焼くだけの簡単天板ケーキ。さつまいもとりんごの組み合わせ、ハマります！

さつまいもとりんごの天板ケーキ

材料 約12枚分

さつまいも……1本（約200g）
りんご……1個（約250g）
A｜卵……2個
　｜プレーンヨーグルト……80g
　｜メープルシロップ……40g
B｜米粉……150g
　｜ベーキングパウダー……5g

下準備

・さつまいもは皮つきのまま1cm角に切り、水に5分ほどさらして水けをきる。
・りんごは皮つきのまま1cm角に切る。
・オーブンを200℃に予熱する。

3
さつまいもとりんごが重ならないように、軽く広げてからオーブンで焼きます。

作り方

1 ボウルにAを入れ、泡立て器で混ぜる。

2 Bを加えてさらに混ぜる。

3 さつまいもとりんごを加えてゴムべらでさっくりと混ぜ、オーブンシートを敷いた天板に流し入れ、表面を軽くならす。200℃に予熱したオーブンで25分ほど焼く。

4 粗熱が取れたら、包丁で3×4列くらいに切る。

保存方法と保存期間

常温1日　｜　冷蔵2日　｜　冷凍◎　｜　温め1枚あたり電子レンジ約20秒

卵

乳製品

落花生
くるみ

はちみつ

Arrange

天板ケーキアレンジ

お店みたいな2つのケーキも、
天板に広げて焼くだけ！

キャロットケーキ

材料　約12枚分

A | にんじん（すりおろす）……80g
　| 卵……1個
　| メープルシロップ……30g
　| バター（常温にもどす）……30g
　| 牛乳……20g

B | 米粉……120g
　| アーモンドプードル……20g
　| ベーキングパウダー……4g

レーズン……30g

チーズクリーム（P.87参照）、ピスタチオ（刻む）……各適量

下準備

オーブンを180℃に予熱する。

作り方

左記の分量で、「さつまいもとりんごの天板ケーキ」（P.74）と同様に作る。さつまいもとりんごの代わりにレーズンを加えて180℃で20分ほど焼く。お好みでチーズクリームをのせ、ピスタチオを散らす。

保存方法と保存期間

常温1日 ｜ 冷蔵2日 ｜ 冷凍◎ ｜ 温め1枚あたり電子レンジ約20秒

抹茶ブラウニー

材料　約12枚分

A | 米粉……120g
　| おからパウダー……20g
　| 抹茶パウダー……6g
　| ベーキングパウダー……4g

B | 卵……2個
　| メープルシロップ……50g
　| 牛乳……50g
　| 植物油……35g

ホワイトチョコチップ……30g
アーモンドスライス……適量

下準備
オーブンを180℃に予熱する。

作り方
左記の分量で、「さつまいもとりんごの天板ケーキ」(P.74)と同様に作る。作り方3で天板に流し入れてならしたら、ホワイトチョコチップとアーモンドスライスを散らし、180℃で15分ほど焼く。

保存方法と保存期間
常温1日 ｜ 冷蔵2日 ｜ 冷凍◎ ｜ 温め1枚あたり電子レンジ約20秒

卵

乳製品

落花生
くるみ

はちみつ

| Basic

ノンオイルで罪悪感なし！のタルトができました。カスタードクリームも、レンチンで気軽に作れます。

オイル不要のブルーベリータルト

材料　直径約9cm 4個分

A｜卵……1個
　｜メープルシロップ……25g
B｜米粉……70g
　｜アーモンドプードル……40g
　｜片栗粉……20g
　｜塩……ひとつまみ
カスタードクリーム（P.87参照）……全量
冷凍ブルーベリー……40〜48粒

2-1
型は使わなくても、縁を立ち上げるように1cmほど折り込むだけでOK。

2-2
折り込んだ縁にフォークで模様をつけて、アクセントに。

2-3
焼いたときにふくらんでこないように、底に穴を開けておく。フォークが底まで貫通してOK。

下準備
オーブンを170℃に予熱する。

作り方

1　ボウルにAを入れ、泡立て器で全体がなじむまで混ぜる。

2　Bを加え、ゴムべらでツヤが出るまで混ぜてひとまとめにしたら、オーブンシートに取り出して4等分して丸め、ラップをかぶせて麺棒で直径10cmほどの円形にのばす。生地の縁を立ち上げるように0.5cmほど折る。フォークで立ち上げた縁に模様をつけ、底に1cm間隔の穴を開ける。

3　170℃に予熱したオーブンで約25分焼く。

4　完全に冷めたら、カスタードクリーム、ブルーベリーを凍ったままのせる。

保存方法と保存期間（生地のみ）

常温1日 ｜ 冷蔵2日 ｜ 冷蔵 ◎

卵

乳製品

落花生
くるみ

はちみつ

Arrange

タルトアレンジ

生地にひと工夫したり、
クリームを変えたりすれば、楽しさが広がります。

チョコバナナタルト

材料 直径約16cm 1個分

A | 卵……1個
  | メープルシロップ……25g

B | 米粉……70g
  | アーモンドプードル……32g
  | 片栗粉……20g
  | ココアパウダー……8g
  | 塩……ひとつまみ

カスタードクリーム（P.87参照）
　……全量
バナナ（1cm幅の斜め切り）……1〜2本
アーモンドスライス、
　ココナッツファイン……各適量

下準備

オーブンを170℃に予熱する。

作り方

左記の分量で「オイル不要のブルーベリータルト」（P.78）と同様に作る。生地は分割せずに18cmほどの円形にのばし、端を1cmほど折り込む。ブルーベリーの代わりにバナナをのせ、アーモンドスライス、ココナッツファインを散らす。

チーズクリームタルト

材料　直径約16cm 1個分

A | 卵……1個
　| メープルシロップ……25g

B | 米粉……70g
　| アーモンドプードル……40g
　| 片栗粉……20g
　| 塩……ひとつまみ

チーズクリーム（P.87参照）……全量
ミント……少々

下準備
オーブンを170℃に予熱する。

作り方
上記の分量で「オイル不要のブルーベリータルト」(P.78)と同様に作る。生地は分割せずに18cmほどの円形にのばし、端を1cmほど折り込む。カスタードクリームの代わりにチーズクリームをのせ、ミントを飾る。

卵

乳製品

落花生
くるみ

はちみつ

罪悪感0の豆腐ドーナツ

抜き型なんてなくたって、ちゃんとドーナツ形に。揚げたてのおいしさは、手作りの特権です！

材料　直径約8cm 3〜4個分

- 木綿豆腐……100g
- A
  - 米粉……100g
  - メープルシロップ……40g
  - ベーキングパウダー……4g
  - 塩……ひとつまみ
- 揚げ油……適量

作り方

1. ボウルに木綿豆腐を入れ、泡立て器でなめらかになるまでつぶす。

2. Aを加え、ゴムべらで混ぜてひとまとめにする。オーブンシートに取り出して、手で2cm厚さにのばす。口径6cmほどのコップの口を押しつけて丸く抜き、中心はペットボトルのふたでくり抜いてドーナツ形にする。残りの生地を再びひとまとめにして同様にのばしてドーナツ形にする。

3. オーブンシートを1個分ずつ切り離す。揚げ油を160〜170℃に熱し、2をオーブンシートごと入れる。片面2〜3分ずつ、きつね色になるまで揚げる（途中でシートは取り除く）。

＊小さいボール状に丸めて揚げてもOKです。

2
コップとペットボトルのふたを利用して、ドーナツ形に。やわらかな生地なので、1個ずつ生地をまとめてくり抜くのを繰り返す。

3
敷いていたオーブンシートを切り離し、シートごと揚げ油に入れる。途中でシートがはがれてくるので、取り除く。

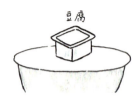

保存方法と保存期間

常温 1日 ｜ 冷蔵 2日 ｜ 冷凍 ◎ ｜

温め 1個あたり電子レンジ20〜30秒、仕上げにトースターで2分

今日はクレープパーティー！

手作りクレープと好みのジャムやクリーム、
フルーツを準備して、
楽しいクレープパーティーを始めましょう。

もっちり甘酒クレープ
→ 作り方はP.86

ごろごろいちごジャム
作り方はP.86

お手軽チョコソース
作り方はP.87

チーズクリーム
作り方はP.87

レンチンカスタードクリーム
作り方はP.87

もっちり甘酒クレープ

卵と甘酒、米粉の黄金比率でもっちもち！ 甘酒のやさしい甘みが広がります。

材料　直径約24cm 4枚分

卵……1個
甘酒（ストレートタイプ）……100g
米粉……50g
バニラオイル（あれば）……数滴

保存方法と保存期間（生地のみ）

常温1日　｜　冷蔵2日　｜　冷凍◎　｜
温め1枚あたり電子レンジで10〜20秒

作り方

1. ボウルにすべての材料を入れて泡立て器でよく混ぜ、冷蔵庫で15分ほど休ませる。

2. フライパンに薄く油（分量外）を塗り、弱めの中火で熱し、1の1/4量を流し入れて広げる。2分〜2分30秒、焼き色がつくまで焼いて取り出す。残りも同様に焼く。

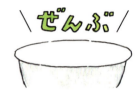

ごろごろいちごジャム

ノンシュガーなのにちゃんと甘ーい。小粒のいちごを切らずに使って果肉感を残します。

作り方

小鍋にいちご（小）正味200g、みりん50g、レモン汁大さじ1（15g）を入れて混ぜながら中火にかけ、アクを取りながら1/3量くらいになるまで煮詰める。

＊取ったアクは炭酸水などで割っていちごドリンクに。

保存方法と保存期間

冷蔵1週間　｜　冷凍◎

レンチンカスタードクリーム

クレープのほか、タルトなどにも幅広く使えるように、ちょっぴりかために仕上げました。

作り方

1 耐熱のボウルに牛乳180g、米粉15g、メープルシロップ40g、卵1個を入れ、泡立て器で米粉が完全に溶けるまで混ぜる。

2 ラップをかけずに電子レンジで2分30秒加熱し、いったん取り出して泡立て器で全体がなめらかになるまで混ぜる。再び電子レンジで1分30秒加熱し、同様に混ぜる。

3 再び電子レンジ(600W)で1分加熱し、取り出して熱いうちにバニラオイル(あれば)5滴を加えて混ぜる。粗熱が取れたら冷蔵庫で冷やす。

保存方法と保存期間　冷蔵2日 ｜ 冷凍◎

お手軽チョコソース

濃厚なチョコソース。あったかくしても、冷たくしても。パンに塗って食べてもおいしい。

作り方

耐熱のボウルに水20g、ココアパウダー12g、はちみつ12g、バニラオイル(あれば)数滴を入れ、泡立て器で全体がなじむまで混ぜる。ラップはかけずに電子レンジ(600W)で40秒加熱し、なめらかになるまで混ぜる。

保存方法と保存期間　常温1日 ｜ 冷蔵2日

チーズクリーム

ベースはほんのり酸味のきいたクリームチーズ。クレープとの相性は抜群です。

作り方

ボウルにクリームチーズ(常温にもどす)100gを入れ、ゴムべらでなめらかなクリーム状になるまで練り混ぜる。生クリーム200g、はちみつ20gを加え、さらさらの状態からクリーム状になるまでボウルを氷水にあてながら泡立て器で混ぜる。

保存方法と保存期間　冷蔵2日

Column

米粉の［吸水率］のはなし

米粉は、米の品種や製法の違いでたくさんの種類があり、それぞれに特徴があります。
特に吸水率が違うと、でき上がりに影響してきますので、気をつけましょう。

上の写真は、吸水率が低めの「パン用米粉ミズホチカラ」と吸水率の高い米粉の2種を同じレシピで蒸しパンにしたもの。「パン用米粉ミズホチカラ」で作った蒸しパンはふわりと、吸水率の高い米粉で作ったものはもっちりとして、ふくらみが弱い蒸しパンになりました。レシピ通りに作っても同じようにできない……というときは、米粉の種類が原因かもしれません。それぞれ向き不向きがあるので、米粉選びの際は気をつけましょう。

Part4

ときどき無性に食べたくなる ほっこり和のおやつ

どら焼きやおだんご、おせんべい……。
どこかほっとする和のおやつ。
米粉や甘酒が大活躍の、ヘルシーさが魅力です。
私が小さいころから食べていた地元の銘菓、
鬼まんじゅうも作ってみました。
材料はシンプルで、子どもたちも大好きな味！
ぜひ試してみてください。

豆腐でもちもち！みたらしだんご

豆腐と米粉だけでできる豆腐だんごに、甘じょっぱさがたまらないみたらしだれをたらり。

材料　約12個分

（豆腐だんご）
- 絹豆腐……100g
- 米粉……85g

（みたらしだれ）
- 水……大さじ3
- しょうゆ、みりん、はちみつ……各大さじ1
- 片栗粉……大さじ1/2

作り方

1. 豆腐だんごを作る。ボウルに豆腐だんごの材料を入れ、ゴムべらなどで混ぜ、ひとまとまりになったらひと口大に丸める。鍋に湯を沸かしてだんごを入れ、浮いてきたらさらに2分ほどゆでる。氷水にとって冷まし、水けをきって器に盛る。

2. みたらしだれを作る。耐熱のボウルにたれの材料をすべて入れ、泡立て器で片栗粉が溶けるまでよく混ぜる。ふんわりとラップをかけて電子レンジ（600W）で40秒加熱する。取り出して混ぜ、同様に40秒加熱し、混ぜる。1にかける。

保存方法と保存期間

常温1日

卵

乳製品

落花生
くるみ

はちみつ

ぷるぷる水まんじゅう

うっすらとあんこが透けて見える、涼やかな水まんじゅう。片栗粉と寒天のダブル使いで、独特のぷるぷる食感に。

材料 2個分

A | 水……150g
　| 片栗粉……15g
　| メープルシロップ……5g
　| 粉寒天……0.5g
こしあん（市販）……40g

3

こしあんはスプーンの背を使って、生地の中心くらいまで押し込んでください。

作り方

1　小鍋にAを入れてゴムべらでよく混ぜる。

2　中火にかけ、絶えず混ぜながら、煮立ったら弱火にする。2分ほど混ぜ、透明になり、もちもちしてきたら火を止め、粗熱を取る。

3　湯飲み茶碗など丸みのある器に2の生地を等分に入れる。スプーンでこしあんを半量ずつ埋める。冷蔵庫で1時間以上冷やしかためる。冷えたら皿にひっくり返す。

保存方法と保存期間

冷蔵 2日

ふんわり米粉どら焼き

はちみつのおかげで生地がしっとり。あんこは粒あんでもこしあんでも、お好みでどうぞ。

材料　直径約10cm 2個分

A ｜ 卵……1個
　｜ プレーンヨーグルト……30g
　｜ はちみつ……15g
　｜ みりん……5g
米粉……70g
ベーキングパウダー……4g
粒あん（市販）……80g

完成したらラップで包んで30分以上おくと、形がしっかりなじみます。

作り方

1. ボウルにAを入れ、泡立て器でよく混ぜる。

2. 米粉を加え、粉っぽさがなくなり、生地にツヤが出るまで泡立て器で混ぜる。ベーキングパウダーを加えて15回ほど混ぜる。

3. フライパンを弱めの中火で熱し、1の生地を1/4量ずつ流し入れ、両面を濃いめのきつね色になるまで2～3分ずつ焼く。

4. 粗熱が取れたら、2枚に粒あんを等分にのせ、残りの生地ではさむ。ラップで包んで形をなじませる。

保存方法と保存期間

常温1日　｜　冷蔵2日　｜　冷凍 ◎　｜　温め1個あたり電子レンジで約30秒

卵

乳製品

落花生・くるみ

はちみつ

ほくほく、もちもち！鬼まんじゅう

栄養満点、やさしい甘みが人気の、地元・名古屋銘菓。小腹がすいたときにもおすすめです。

材料　3個分

さつまいも……100g
甘酒（ストレート）……50g
米粉……50g

下準備

さつまいもは皮付きのまま1cm角に切り、水に5分ほどさらして水けをきる。

3
生地を並べてから、静かに水をフライパンの縁から注いでください。

作り方

1　さつまいもは耐熱のボウルに入れ、ふんわりとラップをかけて、電子レンジ（600W）で2分30秒加熱する。

2　甘酒、米粉を加え、全体にとろみがつくまでゴムべらで混ぜる。

3　オーブンシートを9cm四方に3枚切り、2の生地を3等分してのせ、フライパンに並べる。縁から水大さじ2を入れ、ふたをして弱火にかけ、10分ほど蒸す。

保存方法と保存期間

常温1日 ｜ 冷蔵3日 ｜ 温め1個あたり電子レンジで20秒

香ばしさがやみつき！ごまだんご

たっぷりのごまをまぶして、カリッと揚げ焼きに。あんことの相性は抜群です。栄養価も高い満足◎おやつ。

材料　6個分

A ｜ 絹豆腐……100g
　｜ 米粉……90g
　｜ メープルシロップ……5g
粒あん（市販）……48g
白いりごま……30〜40g
植物油……大さじ3

全面がこんがりと色づくまで、転がしながら揚げ焼きにします。

作り方

1 耐熱のボウルにAを入れ、ゴムべらで粉っぽさがなくなるまで混ぜる。

2 1の生地を6等分して、粒あんを等分に包み丸める。鍋にたっぷりの湯をわかし、浮きあがってくるまでゆでる。浮きあがってきたら、さらに2分ゆでざるにあげ、粗熱がとれたらごまをたっぷりまぶす。

＊丸めるときは手にくっつきやすいので米粉を手にまぶしてから丸めてください。

3 フライパンに油を中火で熱し、2を入れて転がしながらカリッとするまで揚げ焼きにする。

＊トースターでカリッとするまで2〜3分焼いてもOKです。

保存方法と保存期間

当日中

あのおみやげの味！生八つ橋

おうちにあるきな粉とシナモンで、本格味。生地の材料はなんと米粉と甘酒だけ！

材料 4個分

A | 米粉……100g
　| 甘酒（ストレート）……60g
　| 水……80g
きな粉、粒あん（市販）……各適量
シナモンパウダー……少々

生地を手で軽く広げながらきな粉、シナモンをまんべんなくまぶします。

作り方

1　耐熱のボウルにAを入れ、泡立て器で米粉がなじむまでよく混ぜる。ふんわりとラップをかけて、電子レンジ（600W）で2分加熱する。取り出してスプーンで混ぜ、同様に1分加熱して粗熱を取る。

2　まな板にきな粉、シナモンをふり、1の生地を取り出して手で広げながらまぶす。ラップをかぶせ、麺棒で20cm四方ほどの大きさにのばす。10cm四方に切り、粒あんを等分にはさむ。

保存方法と保存期間

常温1日

材料3つ！カリカリ米粉せんべい

ついつい手が出るおつまみおやつ。青のりの代わりに、粉チーズやカレー粉、桜えびを混ぜるのもおすすめです。

材料　約16枚分

米粉……50g
塩……ひとつまみ
青のり……適量（小さじ1〜2）
熱湯……30g

コップの底などを押しつけて、1mm厚さくらいに薄くのばします。

作り方

1　耐熱のボウルにすべての材料を入れて、ゴムべらで練り混ぜる。さわれるくらいの熱さになったら手でこねて、ひとまとめにする。

2　16等分して丸め、オーブンシートを敷いたまな板などに並べ、ラップをかぶせてコップの底などで1mm厚さくらいにつぶす。

3　ラップをはずし、シートごと電子レンジ（600W）で2分加熱する。いったん取り出して裏返し、同様に電子レンジ（600W）で2分加熱して冷ます。

保存方法と保存期間

常温3日

Column

［生おから］と［おからパウダー］

豆腐を作るときの大豆のしぼりかすである、おから。食物繊維が豊富で腸活にも役立ちます。
生のものとパウダー状のものがあるので、上手に使いわけましょう。

大豆から豆乳をしぼったしぼりかすが［生おから］。食物繊維や鉄、カルシウムなどの栄養が豊富です。焼き菓子の生地に混ぜ込めば、栄養価がアップするだけでなく、しっとり、もっちりとした食感が生まれます。［おからパウダー］は、生おからを乾燥させて粉末にしたもので、粉類にもなじみやすく、日持ちするので便利です。生おから同様に使えますが、含まれる水分量が違うので、そのまま置き換えることはできません。パッケージに表示に従って水分を足すと、生おからと同じように使えます。

Omake

もちもち、ヘルシー！
生おからのおやつ

体にいい生おからをおやつに使いたくて、
試作を重ねてきました。
その中でも自慢の3つのレシピを紹介します。
もちもちポンデケージョは、SNSでも特に大盛り上がり。
スコーンやパンケーキも、しっとり感がやみつきに。
お手頃で、上手に使えばおいしい生おから、
使わない手はありません！

お子さま大好き！生おからポンデケージョ

材料を混ぜて焼くだけの人気レシピ。焼き立てのしっとりもちもち食感、ぜひ体験してほしい！

材料 約16個分

生おから……100g
ピザ用チーズ……50g
粉チーズ……10g
塩……ひとつまみ
片栗粉……65g
オリーブオイル……10g
牛乳……60g

下準備

オーブンを200℃に予熱する。

作り方

1 ボウルにすべての材料を入れて、手でこねるように混ぜる。ひとまとまりになったら、16等分にして丸め、オーブンシートを敷いた天板に並べる。

＊まとまりにくい場合は、牛乳を5gずつ足してください。

2 200℃に予熱したオーブンで18〜20分焼く。

＊青のり、コーン、バジル、枝豆を入れてもおいしいです。はちみつをかけて甘じょっぱくするのもおすすめ。

保存方法と保存期間

常温1日 ｜ 冷蔵2日 ｜ 冷凍 ◎ ｜
温め1個あたり電子レンジで20〜30秒

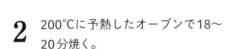

ヘルシー生おからスコーン

外はさっくり、中はしっとり。こちらも人気のレシピです。栄養たっぷりのヘルシースコーン。

材料 約6個分

A │ 生おから……80g
　│ プレーンヨーグルト(無糖)……60g
　│ メープルシロップ……30g
　│ 植物油……20g
米粉……100g
ベーキングパウダー……6g
板チョコ(好みで)……1/2枚

下準備

オーブンを200℃に予熱する。

作り方

1. ボウルにAを入れ、泡立て器で全体がなじむまでよく混ぜる。

2. 米粉、ベーキングパウダーを加え、ゴムべらで粉っぽさがなくなるまで混ぜる。板チョコをひと口大に割り入れて混ぜ、約3cm厚さの円形にする。放射状に6等分に切る。

*まとまりにくい場合は、牛乳を5gずつ足してください。

3. オーブンシートを敷いた天板に並べ、200℃に予熱したオーブンで15〜20分焼く。

保存方法と保存期間

常温1日 │ 冷蔵2日 │ 冷凍◎ │
温め 1個あたり電子レンジで20〜30秒

定番の生おからパンケーキ

おからなのにパサパサ感は一切なし！お好みでバターやメープルシロップを添えてどうぞ。

材料　直径10cm 2枚分

A ｜ 生おから……30g
　｜ 牛乳……50g
　｜ はちみつ……5g
　｜ みりん……5g
米粉……50g
ベーキングパウダー……3g

作り方

1 ボウルにAを入れ、スプーンで全体がなじむまで混ぜる。

2 米粉を加え、粉っぽさがなくなるまで混ぜる。ベーキングパウダーを加えて15回ほど混ぜる。

＊まとまりにくい場合は、牛乳を5gずつ足してください。

＊生地ができたら、なるべく早く焼き始めてください。

3 フライパンを弱めの中火で熱し、2を2等分して落とし入れ、ふたをして両面を3〜4分ずつ、焼き色がつくまで焼く。

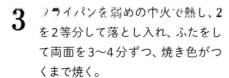

保存方法と保存期間

常温 1日 ｜ 冷蔵 2日 ｜ 冷凍 ◎ ｜
温め 1枚あたり電子レンジで20〜30秒

卵

乳製品

落花生・くるみ

はちみつ

ねぎちゃん

米粉おやつ研究家、食育アドバイザー、薬膳検定1級。米粉やおからなどで作る、砂糖なしの栄養おやつレシピを考案。Instagramにて20万人を超えるフォロワー（2025年3月現在）に日々、簡単おやつレシピを届けている。ほか、企業とのレシピ開発、商品開発など多方面で活躍中。私生活では3姉妹のママ。著書に『体にいいおやつ』(Gakken)『おやつもごはんも、ぜんぶ米粉。』(KADOKAWA)がある。『体にいいおやつ』は第11回料理レシピ本大賞、お菓子部門にて準大賞を受賞。

Instagramはこちら

小麦粉・砂糖・ゼラチンもなし。
思い立ったらすぐできる！

型がいらない！ 体にいいおやつ

2025年3月31日　第1刷発行　　2025年6月4日　第2刷発行

著者	ねぎちゃん
発行人	川畑　勝
編集人	中村絵理子
発行所	株式会社Gakken
	〒141-8416　東京都品川区西五反田2-11-8
印刷所	株式会社DNP出版プロダクツ

Staff

デザイン	中村 妙
イラスト	本田 亮
撮影	公文美和
スタイリング	木村 遥
校閲	株式会社聚珍社
編集	久保木 薫
企画・編集	岡田好美（Gakken）

＊この本に関する各種お問い合わせ先

本の内容については、下記サイトのお問い合わせフォームよりお願いします。
https://www.corp-gakken.co.jp/contact/
在庫については　TEL 03-6431-1250（販売部）
不良品（落丁、乱丁）については　TEL 0570-000577
学研業務センター　〒354-0045 埼玉県入間郡三芳町上富279-1
上記以外のお問い合わせはTEL 0570-056-710（学研グループ総合案内）

© Negichan 2025 Printed in Japan
本書の無断転載、複製、複写（コピー）、翻訳を禁じます。
本書を代行業者等の第三者に依頼してスキャンやデジタル化することは、
たとえ個人や家庭内の利用であっても、著作権法上、認められておりません。

学研グループの書籍・雑誌についての新刊情報・詳細情報は、下記をご覧ください。
学研出版サイト　https://hon.gakken.jp/